Birgit & Georg Bydlinski
Leonora Leitl

MITEINANDER KÖNNEN WIR VIELES

Geschichten zur Erstkommunion

Tyrolia-Verlag • Innsbruck–Wien

Miteinander können wir vieles!

INHALT

Die SCHÖPFUNG erleben

VERZEIHEN

FREUDE über ein BABY

VERLIEREN und FINDEN

WORTE und TATEN

BEGABUNGEN

MAHLGEMEINSCHAFT

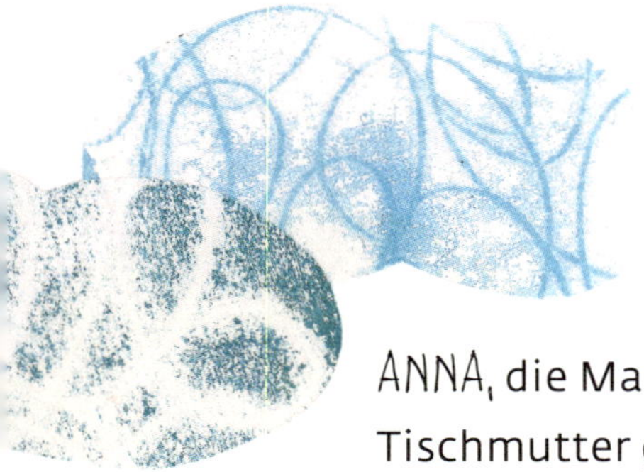

ANNA, die Mama von EMMA, hat sich als Tischmutter gemeldet. Gemeinsam mit FLORIAN, dem Papa von ALEX, begleitet sie eine Kindergruppe zur Erstkommunion. Das erste Treffen ist im Oktober.

Zur Kindergruppe gehören:
ALEX, EMMA, JONAS, LENA, MARIE, MAXI

ALEX
FLORIAN
JONAS
EMMA
ANNA
MARIE
LENA
MAXI

EIN AUSFLUG IN DIE NATUR

Das Wetter ist wunderschön. Anna und Florian haben die Kinder zu einem Picknick im Wald eingeladen. Zuerst gehen sie am Bach entlang durch die Stadt. Hinter der Kirche führt der Weg in den Wald hinauf. Plötzlich hören sie ein schnelles, lautes Klopfen.
„Das muss ein Specht sein", sagt Emma. „Wo ist er?"
„Ich sehe ihn!", ruft Maxi. Er zeigt auf einen Baum. Hoch oben auf dem Stamm sitzt ein grüner Vogel und hämmert mit seinem kräftigen Schnabel gegen die Rinde.
„Der ist aber schön", sagt Lena.
„Bei mir ist etwas viel Kleineres gelandet", sagt Alex zu ihr.
Auf seinem ausgestreckten Zeigefinger sitzt ein Marienkäfer. Langsam krabbelt er bis zur Fingerkuppe, breitet seine Flügel aus und fliegt weg.
„Dass so ein kugeliger Käfer überhaupt fliegen kann!", sagt Marie überrascht.
Anna und Florian rufen die Kinder zusammen und legen eine große Decke auf den Boden. Alle setzen sich hin und packen ihre Jause aus.
„So ein Picknick ist praktisch", sagt Jonas.

„Man braucht gar keinen Tisch."
„Warum bist du eigentlich eine Tischmutter?", fragt Maxi. „Was soll das überhaupt heißen?"
„Du bist doch nicht die Mutter von einem Tisch, sondern die von der Emma!", sagt Marie und alle Kinder lachen.
Anna lacht mit. „Du hast recht, das Wort ist wirklich komisch", sagt sie. „Aber es heißt nur, dass ich eine Gruppe betreue, die gerade so groß ist, dass sie an einem Tisch Platz hat."
„Oder auf einer Decke", sagt Florian.
Nach der Rast machen sie sich auf den Heimweg. Sie beobachten ein Eichkätzchen mit gefüllten Backentaschen, das schnell in seiner Baumhöhle verschwindet. In der Sonne glitzern die feinen Fäden eines riesigen Spinnennetzes. Alex nimmt einen Ast und will es zerstören.
Marie hält seinen Arm fest. „Lass das", sagt sie. „Das ist doch wunderschön!"
Jonas sammelt verschiedenfarbige bunte Blätter. Als er sich wieder einmal bückt, trippelt unter einem Busch ein Igel hervor.
„Schön, dass wir dich vor deinem Winterschlaf noch einmal sehen können", sagt Florian, und alle schauen dem Igel nach, wie er eilig ins Unterholz läuft.
Dann wandern sie wieder den Bach entlang.

Lena entdeckt silbrig glänzende Fische im Wasser. Und Maxi bemerkt ein Entenpaar, das sich von der Strömung treiben lässt.
„Was hat euch bei unserem Ausflug am besten gefallen?“, fragt Anna.
„Mir jetzt die Enten“, sagt Florian.
„Und mir die Fische“, sagt Lena.
„Der Specht“, rufen Emma und Maxi gleichzeitig.
„Natürlich der Igel“, meint Jonas.
„Die Jause im Schatten“, sagt Alex. „Und das Eichkätzchen und mein Marienkäfer.“
„Also eigentlich alles!“, sagt Florian und lacht.

GOTT, du hast ALLES SCHÖN gemacht

Ein Gebet aus der Bibel

Gott, du lässt die Wasserquellen sprudeln
und Bäche vom Berg ins Tal fließen.
Alle Tiere können daraus trinken,
die wilden Tiere und die Haustiere auch.
Am Bachufer wohnen Vögel,
in den Büschen und auf den Bäumen,
und sie singen fröhlich.

Gott, du gibst auch dem Erdboden Wasser,
es regnet aus deinen Wolken.
Gras wächst und die Tiere können es fressen.
Die Menschen bauen Getreide an
und machen daraus Brot.
Auch viele andere Pflanzen wachsen aus der Erde,
und wir freuen uns darüber.

Gott, auch deine Bäume trinken sich satt,
wenn es regnet.
In ihren Zweigen bauen die Vögel ihre Nester,
die kleinen und die großen.
Noch höher, oben auf den Bergen,
sind die Steinböcke zu Hause,
und auch den kleinen Tieren gibst du einen Unterschlupf.

(nach Psalm 104,10–18)

Zeichenblatt und Puddingessen

Anna und Florian haben für jedes Kind ein Zeichenblatt vorbereitet. Malkasten und Pinsel liegen auf dem Tisch, zwei Plastikbecher mit Wasser stehen daneben.
„Sollen wir ein Haus malen oder einen Baum?“, fragt Alex.
„Ich glaub eher die Kirche!“, ruft Marie.
„Nein, heute wollen wir nichts Bestimmtes malen, heute sind nur die Farben wichtig“, sagt Anna. „Ihr könnt damit ausdrücken, wie es euch gerade geht.“
„Wie meinst du das?“, fragt Lena.
„Wenn du fröhlich bist, nimmst du helle Farben, wenn du verärgert oder traurig bist, dann wählst du dunklere“, erklärt Florian.
„Und was sollen wir jetzt malen?“, fragt Maxi ungeduldig.
„Streifen oder Kreise oder Vierecke oder Wolken“, schlägt Anna vor. „Alles, was dir so einfällt.“
Lena taucht den Pinsel in die gelbe Farbe und malt einen winzigen gelben Kreis in die Mitte ihres Blattes. Dann malt sie einen orangefarbenen um den gelben Kreis herum.

Milch

Emma malt ihr Blatt mit hellblauen Tupfen voll.
Alex malt einen Baum mit violettem Stamm.
Jonas malt einen Fußball mit buntem Muster. Dann will er seinen Pinsel auswaschen und stößt dabei den Plastikbecher um. Das graue Wasser rinnt über den Tisch und über das ganze Bild von Alex. Der violette Baum ertrinkt im Schmutzwasser.
„Spinnst du?", schreit Alex wütend. „Das hast du mit Absicht gemacht!"
„Gar nicht wahr", schreit Jonas zurück. „Ich wollte nur meinen Pinsel eintauchen!"
Sie streiten fürchterlich. Beinahe gehen sie aufeinander los. Florian kann sie gerade noch trennen.
Eine halbe Stunde lang schauen sich Alex und Jonas nur böse an. Oder sie schauen schnell weg, wenn der andere herschaut.
Anna hat inzwischen Pudding für die Kinder gekocht.
Alex und Jonas setzen sich nicht nebeneinander, wie sonst immer. Und es schmeckt ihnen auch nicht. Beim dritten Löffel schaut Jonas heimlich zu Alex hinüber.
Diesmal wendet Alex seinen Blick nicht ab.
Da nimmt Jonas seine Puddingschüssel und setzt sich zu Alex.

„Hast du Vanille oder Schoko?", fragt er ihn.
„Vanille – wie du", antwortet Alex. Jetzt lächelt er schon fast.
Sie sitzen nebeneinander und löffeln ihre Puddingschüsseln aus.
„Sind wir wieder gut?", fragt Jonas.
„Na klar", sagt Alex. Jetzt lächelt er wirklich.
Sie schlagen miteinander ein und nehmen sich beide eine Riesenportion Vanillepudding nach.

STREIT und VERSÖHNUNG

Jesus spricht zu seinen Freunden

Petrus hat schon längere Zeit
über Streit und Versöhnung nachgedacht.
Eines Tages fragt er Jesus:
„Wie oft muss ich jemandem verzeihen,
der zu mir böse war?
Muss ich es siebenmal tun?"
Jesus antwortet ihm:
„Nicht siebenmal – siebenundsiebzigmal!
Du sollst ihm immer vergeben."

Ein anderes Mal erklärt Jesus,
wie man in Frieden zusammenleben kann.
„Wenn du willst, dass die anderen fair zu dir sind,
dann sei auch du fair zu ihnen", sagt er.
„Sei zu den anderen immer so,
wie du willst, dass sie zu dir sind!"

(nach Matthäus 18,21–22 und 7,12)

LEON WIRD GEBOREN

Heute kommt Lena ganz glücklich in die Gruppenstunde. Gleich bei der Tür sagt sie voll Freude zu Anna: „Mein Baby-Bruder ist da! Er heißt Leon und ist so süß! Er ist letzte Nacht auf die Welt gekommen."

„Das ist ja wunderbar", ruft Anna. „Das müssen gleich alle erfahren."

Die Kinder bestürmen Lena mit Fragen, und sie erzählt: „Gestern Abend war ich mit Mama noch einkaufen. Unser Kakaopulver war aus und wir wollten noch schnell eines holen. Aber wir sind gar nicht bis zum Kakaoregal gekommen. Beim Waschpulver hat Mama plötzlich Bauchweh gekriegt, und dann ist es immer schlimmer geworden. Die Kassafrau hat für uns die Rettung angerufen."

„Ist die Rettung mit Blaulicht gekommen?", fragt Jonas.

„Und mit Sirene?", will Alex wissen.

„Beides", grinst Lena. „Es musste ja rasch gehen."

„Bist du auch mit dem Rettungsauto mitgefahren?", fragt Marie.

Lena nickt. „Und ich hab mit Mamas Handy den Papa angerufen", sagt sie stolz. „Der ist dann gleich ins Spital nachgekommen."

„Du warst bestimmt sehr aufgeregt?“, meint Anna.
„Ja! Und ich hab mich schon so auf das Baby gefreut! Papa war dabei, als Leon auf die Welt gekommen ist. Und ich bin draußen bei den Krankenschwestern geblieben. Die haben so eine kleine Teeküche auf der Station, dort haben sie mir einen Teller mit Keksen gerichtet. Dann war mein Bruder endlich da, und ich hab ihn auch gleich halten dürfen. Er hat mich so lieb angeschaut, als würde er mich schon kennen!“
„Sicher hat er deine Stimme gleich erkannt“, erklärt Anna. „Weil er ja immer schon mitgehört hat, wenn du mit deiner Mama geredet hast.“
„Darf ich das Baby auch bald sehen?“, fragt Emma.
Marie sagt zu Lena: „Und ich hab schon geglaubt, du bist krank, weil du nicht in der Schule warst. Dabei ist so was Schönes passiert!“
„Ja genau! Ich hab mich dann den ganzen Vormittag bei der Oma ausschlafen dürfen. Für die Schule war es einfach schon zu spät – aber zu euch in die Gruppenstunde wollte ich unbedingt. Ich musste euch doch von Leon erzählen! Und nachher seh ich ihn gleich wieder. Ich möchte gar nicht mehr ohne ihn sein!“
Lena blickt versonnen vor sich hin.

Maxi denkt im Stillen an seinen Bruder Moritz. „Na ja, kleine Brüder können aber auch nerven“, sagt er. „Das wirst du sehr bald merken.“

Alex lacht: „Aber ohne ihn wärt ihr auch nicht komplett!“

EIN BESONDERES KIND

Lukas berichtet von der Geburt Jesu

Josef und Maria
waren auf dem Weg in die Stadt Betlehem.
Maria spürte, dass sie schon bald
ihr Baby bekommen würde.
In Betlehem wollten sie sich ein Zimmer suchen,
aber alle Gasthäuser waren besetzt.
Kurz darauf bekam Maria ihr Baby
und sie freute sich sehr.
Sie wickelte Jesus in Windeln
und machte ihm ein Bettchen
in einem Futtertrog.

Ganz in der Nähe passten Hirten auf ihre Schafe auf.
Es war schon Nacht geworden.
Plötzlich trat ein leuchtender Engel
zu den Hirten und sprach zu ihnen:
„Freut euch alle, denn heute ist Jesus geboren!
Er ist ein ganz besonderes Kind. Er kommt von Gott.
Lauft zur Krippe hinüber, damit ihr ihn begrüßen könnt!“
Auf einmal waren viele Engel da und sangen:
„Gelobt sei Gott im Himmel,
der den Menschen Frieden schickt!“

(nach Lukas 2,4–14)

DAS PUZZLE

Diesmal ist die Gruppenstunde bei Florian. Er hat Anna und alle Kinder zu sich eingeladen. Und jeder soll ein paar von seinen Lieblingspickerln mitbringen. Er hat aber nicht verraten wofür.

Florian, Anna und die Kinder setzen sich um den großen Wohnzimmertisch. Gleich soll es losgehen. Plötzlich beginnt Marie zu kichern: „Was kitzelt mich da am Fuß?"

Lena schaut unter den Tisch und ruft entzückt: „Oh, da ist ja eine Katze!"

„Ein Kater", verbessert Alex. „Das ist unser Einstein."

„Er schaut nämlich immer so wissend", sagt Florian.

Anna lacht.

Und Jonas fragt: „Warum wolltest du, dass wir Pickerl mitbringen? Wo können wir sie denn draufkleben?"

„Wir machen heute ein Gemeinschafts-Puzzle", erklärt Florian.

Jedes Kind bekommt ein ausgeschnittenes Puzzlestück aus Karton. Es ist weiß und noch ganz leer.

„Aha", sagt Jonas. „Die Pickerl sind zum Verzieren!"

Florian nickt. „Aber zuerst schreibt bitte eure Namen auf euer Puzzlestück, mit bunten Buchstaben oder ganz wie ihr wollt."

Marie

„Los geht's", sagt Anna. Sie schreibt ihren Namen und rahmt ihn mit goldenen Sternen ein.
Marie schreibt jeden Buchstaben in einer anderen Farbe, malt eine Blumenwiese als Hintergrund und setzt drei kleine Feen auf die Blüten.
Emma schaut Maries Kunstwerk bewundernd an: „Du hast aber liebe Feen – schau, ich hab Ponys!"
„Mädchenkram", murmelt Alex leise. Er überlegt, welche von seinen Raketen am besten aufs Bild passt.
Lena klebt ihr Puzzlestück mit kleinen Kätzchen voll und findet kaum mehr Platz für ihren Namen.
Maxi schreibt seinen Namen in so großen Blockbuchstaben, dass gerade noch zwei Rennautos dazupassen.
Florian und Jonas lachen laut: Sie haben bemerkt, dass sie die gleichen Bagger neben ihren Namen aufgeklebt haben.
„Zeit für eine Pause!", ruft Anna. Die Kinder laufen in den Garten, da bläst ein Windstoß die Puzzleteile vom Tisch.
„Wir ordnen sie nachher", sagt Florian. „Jetzt spielen wir Fußball!"
Als sie nach dem Match mit roten Wangen zurückkommen, sammeln sie die Puzzleteile auf und wollen sie zusammensetzen. Doch es sind nur sieben. Maries Bild fehlt, genau in der Mitte.

„Deine Feen sind davongeschwebt", sagt Alex grinsend.
Marie findet das nicht lustig. Sie ist den Tränen nahe.
Alle fangen an zu suchen. Kater Einstein sitzt in seinem Körbchen und schaut ihnen interessiert zu.
Maxi und Lena suchen gemeinsam den Fußboden ab.
Emma schaut hinter den Vorhang. Marie hebt sogar den Klavierdeckel hoch.
Das Puzzleteil ist nirgends zu sehen.
Jonas robbt unter den Tisch, findet aber nur ein paar Kuchenbrösel. Beim Hervorkriechen wirft er einen Sessel um.
Einstein erschrickt. Er springt aus seinem Korb und rennt davon.
„Armes Kätzchen", sagt Lena. Da entdeckt sie:
Auf dem Katzenpolster im Körbchen liegt etwas.
Eine Blumenwiese mit Feen und Maries Namen drauf.
Lena hebt sie auf und überreicht sie stolz Marie.
„Einstein ist draufgesessen", sagt sie.
Marie lächelt. Glücklich fügt sie ihr Puzzlestück in die Lücke ein.
„Das ist wirklich ein schönes Bild geworden!", sagt Florian.

DAS VERLORENE SCHAF

Jesus erzählt vom Wiederfinden

Es lebte einmal ein Hirte, der hatte hundert Schafe.
Er führte sie auf die Weide und sorgte für sie.
Jeden Abend zählte er sie ab.
Er hatte alle hundert Schafe lieb und war gern bei ihnen.
Eines Tages entdeckte er, dass ein Schaf fehlte.
Es musste sich verlaufen haben, in der Steppe verirrt!
„Ich muss es wiederfinden", dachte der Hirte erschrocken.
Sofort machte er sich auf den Weg
und suchte alle Weideplätze ab.
Sein Herz klopfte,
und er dachte immer an das verlorene Schaf.
Plötzlich sah er es in der Ferne.
Er rief es und lief auf das Schaf zu.
Voll Freude nahm er es auf seine Schultern
und trug es zu den anderen Schafen zurück.
Dann rief er seine Freunde und Nachbarn zusammen
und sagte: „Freut euch alle mit mir!"

(nach Lukas 15,3–7)

Wer gießt die PFLANZEN?

Heute wird in der Gruppenstunde der Ablauf der Messe besprochen. Anna hat für jedes Kind ein Arbeitsblatt vorbereitet. Dort sind die einzelnen Teile des Gottesdienstes ganz durcheinandergeraten, und die Kinder müssen sie in die richtige Reihenfolge bringen. Manche wissen die Lösung rasch, einige müssen länger darüber nachdenken.

„Wer fertig ist, darf sich ein Buch aus dem Regal nehmen", sagt Anna.

Emma hat ihr Blatt schnell ausgefüllt und holt sich ein Ponybuch.

Da sagt Anna leise zu ihrer Tochter: „Bitte gieß die Pflanzen im Vorzimmer. Du weißt schon: den Gummibaum in der Ecke, den Rosenstock auf dem Fensterbrett und den Schnittlauch daneben. Sie brauchen dringend Wasser, und ich muss Marie, Maxi und Jonas noch ein bisschen unterstützen."

„Mach ich", sagt Emma. Aber eigentlich hat sie gar keine Lust dazu. Sie bleibt neben Lena sitzen und vertieft sich in ihr Buch. Sie stellt sich vor, dass sie selbst am Ponyhof lebt und in der Geschichte mitspielt. Sie stellt sich vor, wie sie die Ponys striegelt und füttert.

An die Pflanzen und an das Gießen denkt sie längst nicht mehr.
Florian hat das bemerkt. Er sieht, dass sein Sohn Alex auch schon fertig ist, und bittet ihn: „Gießt du die Pflanzen im Vorzimmer? Den Gummibaum in der Ecke, den Rosenstock auf dem Fensterbrett und den Schnittlauch daneben?"
Alex will lieber sein Weltraumbuch weiter anschauen und schüttelt den Kopf. Warum soll er in einer fremden Wohnung gießen? Aber nach der nächsten Seite tut es ihm schon leid. Er denkt daran, dass die Pflanzen ja auch Durst haben und Wasser brauchen.
Alex klappt das Buch zu und geht gießen. Er gibt dem Gummibaum Wasser und dem Rosenstock. Zuletzt kommt der Schnittlauch dran. Alex sieht zu, wie das Wasser in der Blumenerde versickert. Ihm kommt vor, dass der Schnittlauch mit einem Mal gleich viel grüner aussieht.
Florian kommt aus der Küche und trägt ein großes Tablett mit Butterbroten.
Da hat Alex eine Idee: Er holt sich aus Annas Küche die Kräuterschere und schneidet den Schnittlauch in kleine Röllchen.
„Super", ruft Florian, und gemeinsam verteilen sie die Schnittlauchröllchen auf den Broten.

„Na so was“, sagt Anna erfreut, „da wurde wohl nicht nur gegossen! Das hast du wirklich gut gemacht“, lobt sie Alex.

Emma blickt ertappt zu ihrer Mutter.

DIE ZWEI BRÜDER

Jesus erzählt eine Geschichte zum Nachdenken

Es lebte einmal ein Mann,
der hatte einen großen Weinberg
mit vielen Weinstöcken.
Da gab es immer viel zu tun,
so viel, dass er die Arbeit nicht allein schaffte.

Der Mann hatte zwei Söhne.
Er ging zum ersten hin und sagte:
„Mein Sohn, geh und arbeite heute im Weinberg!"
Der erste Sohn antwortete: „Ja, Vater, das mache ich."
Aber er ging nicht zum Weinberg.

Da sagte der Vater zu seinem zweiten Sohn:
„Geh und arbeite heute im Weinberg!"
Der zweite Sohn sagte: „Ich will nicht."
Aber später tat es ihm leid,
dass er dem Vater nicht helfen wollte.
Und er ging doch noch hin
und arbeitete im Weinberg.

Wer von den beiden hat jetzt das Richtige getan?

(nach Matthäus 21,28–31)

WIR SIND VERSCHIEDEN

Alle Tischmütter und Tischväter haben ein Heft mit Liedern und Gebeten für das Erstkommunionsfest bekommen. Sie sollen die Lieder und Fürbitten mit den Kindern üben, damit alle in der Kirche mitmachen können.
Anna stimmt ihre Gitarre, und Florian verteilt Rasseln, Klangstäbe und Triangeln an die Kinder.
Sie beginnen mit einem fröhlichen Loblied, das die Kinder schon aus dem Religionsunterricht in der Schule kennen.
Alle singen kräftig mit, manche ein bisschen falsch.
Am schönsten singt Lena – ihre Stimme ist hell und klar.
„Das müssen wir noch ein paarmal üben“, meint Anna.
„Aber die Lena hat super gesungen!“, sagt Marie und legt den Arm um ihre Freundin.
Nach dem Singen kommt das Lesen dran. Florian sagt: „Es sind genau sechs Fürbitten, jeder von euch kann eine vortragen.“
„Was meinst du denn mit *vortragen?*“, fragt Jonas erschrocken. „Heißt das, wir müssen in der Kirche vor allen Leuten ins Mikrofon reden?“
„Der Jonas traut sich nicht! Der Jonas traut sich nicht!“, spottet Alex.

„Probieren wir es einfach einmal", schlägt Florian vor. „Lesen wir die Fürbitten laut vor, einer nach dem anderen."

Emma beginnt. Sie macht ihre Sache gut.

Maxi liest seinen Satz sehr schnell.

Lena liest deutlich, aber leise.

Jonas betont die richtigen Stellen.

Marie liest den ganzen Satz, als wäre er nur ein einziges Wort.

Alex liest sehr holprig und stockend.

„Der Alex liest urschlecht!", ruft Maxi vergnügt.

„Niemand von uns kann alles", sagt Florian schnell.

„Aber jeder kann irgendetwas besonders gut", ergänzt Anna.

„Die Lena kann super singen und turnen", sagt Marie.

„Der Alex kann toll zeichnen – Raketen, Cowboypferde, Monster und Saurier", meint Jonas.

„Der Maxi kann schon dicke Bücher lesen", ruft Alex.

„Die Marie rennt am schnellsten. Und die Mama kann am besten trösten", stellt Emma fest.

„Schön, dass wir gemeinsam so vieles können", sagt Florian. „Deshalb gibt es auch gar keinen Grund, jemanden auszuspotten!"

MITEINANDER KÖNNEN WIR VIELES

Paulus schreibt einen Brief

Wir gehören alle zusammen,
auch wenn wir noch so verschieden sind.
Schauen wir unseren Körper an,
da ist es ganz ähnlich.
Der Körper eines Menschen besteht aus vielen Teilen:
Kopf und Hals, Arme und Hände,
Bauch und Rücken, Beine und Füße …
Jeder Körperteil hat eine eigene Aufgabe.
Jeder Körperteil ist wichtig.
Wenn der Fuß sagt: „Ich bin keine Hand,
ich gehöre nicht dazu", dann ist das falsch.

Ohne Füße könnten wir nicht gehen.
Ohne Hände könnten wir nicht greifen.
Wenn das Ohr sagt: „Ich bin kein Auge,
ich gehöre nicht dazu", dann ist das auch falsch.
Ohne Ohren könnten wir nicht hören.
Ohne Augen könnten wir nicht sehen.
Unser Körper braucht alle seine Teile.
Das Auge kann nicht zur Hand sagen:
„Ich brauche dich nicht!"
Und der Kopf kann nicht zu den Füßen sagen:
„Ich brauche euch nicht!"
Alle Teile gehören zusammen,
auch wenn sie ganz verschieden sind.
Genauso ist es bei uns Menschen:
Jeder kann etwas anderes besser,
und miteinander können wir vieles!

(nach 1 Korinther 12,12–30)

Ich bin kein Auge, ich gehöre nicht dazu!
Ich brauche dich nicht!
Ich bin keine Hand, ich gehöre nicht dazu!
Miteinander können wir vieles!
Hallo?

KIPFERL und SALAMIPIZZA

Gleich nach der Begrüßung kündigt Anna an: „Heute backen wir gemeinsam Brot! Der Teig ist schon fertig."
Alle Kinder setzen sich um den Tisch.
„Ich habe Mama beim Teigkneten geholfen", sagt Emma.
„Und er ist ganz toll aufgegangen!"
Sie nimmt das karierte Geschirrtuch von der Schüssel, und alle sehen den seidig glatten Brotteig.
„Wenn alles schon fertig ist – was sollen denn wir jetzt noch machen?", fragt Jonas.
„Ihr werdet es gleich sehen!" Anna staubt die ganze Tischplatte mit Mehl ein.
Die Kinder wundern sich.
Vorsichtig nimmt Anna den Teig aus der Schüssel.
Mit beiden Händen drückt sie die Teigkugel flach. Dann zupft sie sechs Teigstücke heraus und legt jedem Kind eines hin.
Ein winziges Stück ist noch übrig, das teilt sie mit Florian.
Alex schlägt mit der Faust ein paarmal auf seinen Teig. Jetzt sieht er aus wie ein Pizzaboden. „Kann ich Ketchup und Salami drauftun?"
Anna und Florian müssen lachen.

„Das hätte ich jetzt nicht erwartet", staunt Anna.
„Aber es ist eine lustige Idee", meint Florian.
„Ich mach ein Kipferl", sagt Maxi.
„Und ich eine Riesensemmel", ruft Jonas.
Maries Zöpfe haben vom Mehl ganz weiße Enden bekommen. Das bringt sie auf eine Idee:
„Ich flechte einen Striezel!"
Emma formt eine kunstvolle Brezel.
Lena rollt ein langes, dünnes Stangerl. „Da kommt dann noch Salz drauf", erklärt sie. „Und vielleicht auch ein bisschen Kümmel!"
Als die Kinder fertig sind, wird alles vorsichtig auf ein Backblech gelegt und in den Herd geschoben.
„Jetzt müssen wir warten", sagt Anna. Sie greift nach der Kinderbibel und liest vor, wie Jesus und seine Freunde gemeinsam gegessen haben.
„Zusammen essen und trinken ist etwas sehr Schönes", sagt Florian.
„Das tut man ja auch bei jedem Fest", sagt Maxi. „Wir haben erst gestern Uromas Geburtstag gefeiert – vor lauter Kerzen hat man die Torte nicht mehr gesehen!"
„Mmmh, Torte – ich liebe Süßes!" Emma streut Zucker und Zimt auf ihre Brezel.
„Ich hab ein Salzstangerl", erklärt Lena, „weil ich's lieber salzig mag."

„Ganz egal, ob süß oder salzig – Hauptsache, es schmeckt dir", meint Anna.
„Jesus und seine Freunde haben sicher keine Salamipizza gegessen", lacht Alex vergnügt.
„Aber es kommt ja vor allem auf die Gemeinschaft an!"

EIN BESONDERES BROT

Jesus lädt seine Freunde ein

Es war ein großer Festtag.
Jesus hatte einen schönen Raum vorbereiten lassen,
um sich mit seinen Freunden zu treffen.
Dort wollten sie gemeinsam essen.
Die Freunde und er versammelten sich um den Tisch.
Jesus sagte: „Ich freue mich sehr,
dass wir hier noch einmal zusammensitzen
und miteinander essen und trinken können!"
Er betete und dankte Gott für Brot und Wein.
Dann nahm Jesus den Becher und reichte ihn weiter,
und jeder trank daraus.
Er teilte das Brot und gab jedem ein Stück.
„Dieses Brot ist ein besonderes Brot", sagte Jesus.
„Es verbindet uns für immer. Wenn ihr es esst,
bin ich euch nahe wie niemand sonst.
Und eure Gemeinschaft wird zu einer ganz besonderen!"

(nach Lukas 22,7–20)

Georg Bydlinski ist ein erfolgreicher und vielseitiger Kinderbuchautor. Gemeinsam mit seiner Frau, der Religionspädagogin **Birgit Bydlinski,** hat er bereits eine Kinderbibel und weitere Kinderbücher verfasst.
www.georg-bydlinski.at

Leonora Leitl absolvierte die Meisterklasse für Grafik und Kommunikationsdesign in Linz und arbeitet seit einigen Jahren erfolgreich als Kinderbuchillustratorin.
leonoraleitl.blogspot.com

2016

Umschlagbild: Leonora Leitl, Gramastetten
Layout: Nele Steinborn, Wien
Schriften: Fedra sans, Mike
Druck und Bindung: Druckerei Theiss, St. Stefan
ISBN: 978-3-7022-3490-4
E-Mail: buchverlag@tyrolia.at
Internet: www.tyrolia-verlag.at
FSC
www.fsc.org
MIX
Papier aus verantwortungsvollen Quellen
FSC® C012536